中华中医昆仑

夏桂成学术评传

张镜源◎主编

中国盲文出版社

图书在版编目（CIP）数据

夏桂成学术评传（大字版）/ 张镜源主编. —北京：中国盲文出版社，2015.12

（中华中医昆仑）

ISBN 978-7-5002-6842-0

Ⅰ. ①夏… Ⅱ. ①张… Ⅲ. ①夏桂成—评传 Ⅳ. ①K826.2

中国版本图书馆 CIP 数据核字（2015）第 316926 号

夏桂成学术评传

主　　编：张镜源
责任编辑：王丽丽
出版发行：中国盲文出版社
社　　址：北京市西城区太平街甲 6 号
邮政编码：100050
印　　刷：北京华联印刷有限公司
经　　销：新华书店
开　　本：700×1000　1/16
字　　数：42 千字
印　　张：6.5
版　　次：2015 年 12 月第 1 版　2015 年 12 月第 1 次印刷
书　　号：ISBN 978-7-5002-6842-0/K·447
定　　价：12.00 元
销售服务热线：（010）83190297　83190289　83190292

丛书编委会

前　言

中医药是中华民族的伟大创造，是世界医学宝库中的夺目瑰宝，数千年来为中华民族的繁衍昌盛作出了巨大的不可磨灭的贡献，至今仍是中国医药卫生事业不可分割的重要组成部分，在维护民族体魄康健、促进经济社会发展中发挥着不可替代的作用。

中医药学，是中华传统文化和科技文明的结晶，是勤劳聪慧的中华儿女在几千年生产生活实践中，在与疾病作斗争的过程中，创造的独具特色的医学科学体系。它有着浓郁的民族特色、深厚的文化底蕴和丰富的哲学内涵。经过一代又一代中医药传人、一辈又一辈名医大家的实践探索、薪火传承、总结完善、创新发展，逐步形成了系统的理论体系、独特的诊疗方法、丰富的医学内容、实用的制药技术。具有疗效确切、用药安全、应诊灵活、普适简廉和预防保健作用显著的巨大优势，在世界医学之林独树一帜，为人类的文明进步与医疗保健事业，已经并正在作出积极的贡献。

为了弘扬中华民族传统文化，彰显中医药学家的丰功伟绩，当代中医药发展研究中心与中国文学艺术界联合会、国家中医药管理局新闻办公室、中华中医药学会、中国中医科学院、北京中医药大学、世界中医药学会联合会等精诚合作，在国家中医药管理局的支持和指导下，为中华近现代百年来贡献卓著、深受敬仰的150位中医药学家，编撰出版了这部大型传记丛书。丛书采用评传体裁，记载他们的生平事迹、医术专长、学术思想、传承教育、医风医德、养生之道和突出贡献，使这些宝贵的医学成就和精神财富发扬光大，千古流芳。

丛书取名《中华中医昆仑》。昆仑山，被尊为“万山之祖”，柱西北而瞰东南，立中国而凭世界，凌驾乾坤，巍然屹立。以其高峻豪迈、绵延起伏的磅礴气势，寓意中华中医药学历史悠久、博大精深和永不衰竭；以其挺拔雄伟、高耸入云的恢弘气魄，彪炳一代中医药学家的丰功伟绩、杰出贡献和不朽勋业。

丛书入选传主，从全国范围推荐遴选，遍及中医药界各个领域。有临床家、理论家、药学家、教育家、医史文献学家；有名师亲授、世医家教、学派传人、院校毕业和自学成才者；有师徒并驾、父子齐名和伉俪联袂者。他们学术造诣深厚、诊疗技术精湛、临床经验丰富、学科地位崇高、科研成果丰硕、医风医德高尚、国内外影响较大，从医学理论到临床实践，为中医药事业的传承和发展作出了突出贡献，是近现代百年来中华中医药界的杰出代表。

丛书的出版，对于弘扬中华文化，振兴中医药事业，造就中医药人才，普及中医药知识，具有重要的现实意义和深远的历史意义。这是一项开创性工作，填补了我国为著名中医药学家大规模撰写传记的空白；也是一项抢救性工作，因入选传主已仙逝过半，许多亲历、亲见、亲闻的史料日见散逸，将之收集整理、编撰成书，功垂后世、利国利民；更是一项承前启后的工作，总结传主经验，传承中医药伟业，继往开来，光耀世界医学之林。这部医文结合，富蕴历史性、学术性、文学性和实用性的鸿篇巨制，对医疗、卫生、科研、教育及全球关注中华中医药文化的各界人士，都有重要的参考和阅读价值。

丛书的编撰出版，是一项巨大的中医药文

化建设工程，在策划、撰写、编辑、出版过程中，自始至终得到了国家有关领导、政府部门及社会各界人士的关心和支持。国家中医药管理局高度重视，并组织专家对全书进行终审；数百名专家、学者亲临指导，参与规划；有关省、市、自治区卫生厅、局、中医局（处）给予大力帮助；传主及其亲属、弟子热情支持、密切配合；撰稿人深情满怀、辛勤笔耕；编审专家尽心竭力、精工细琢；关爱中医药事业的企业家热心公益、慷慨资助；全体工作人员不辞辛劳、无私奉献，这一切使丛书得以顺利出版。对此，我们深表谢意。

由于时间紧迫和资料搜集困难，加之水平有限，难免有疏误之处，敬请广大读者批评指正。

中华中医药学，历史悠久，源远流长，发端于远古，奔向于未来。百年对于历史，不过是短暂的瞬间；百人对于万众，不过是沧海一粟。然本丛书所记载的百年百人，则无疑是波澜壮阔的中医药发展史上辉煌的篇章和光芒闪烁的璀璨星辰。

张镜源

目录

不求闻达于诸侯，一心只在三指间，修得岐黄有所成，愿效傅翁济坤人。

——夏桂成

夏桂成，1932 年出生，江苏无锡江阴人。主任医师、教授、著名中医妇科临床家。历任江苏省中医院妇科主任、南京中医药大学妇科教研室主任、江苏省中医学会妇科专业委员会主任委员、全国中医妇科学专业委员会常务委员等职，现为全国五百名老中医药专家学术经验继承工作指导老师，享受国务院政府特殊津贴。

夏桂成早年师从江苏江阴名医夏奕钧，入中医学之门径。20 世纪 50 年代中期，考入江苏省中医进修学校（现南京中医药大学），结业时被评为优秀生。1956 年，就职于江苏省中医院妇科，翌年，拜科内黄鹤秋主任为师，侍诊经年，得其心传。1960 年，参加全国首批中医高等教育教材《中医妇科学》的编写工作。60 年代初，在《中医杂志》上发表有关傅青主妇科学术的研究文章。20 世纪 70～80 年代，从事月经周期及“调周法”研究，运用“调周法”对不孕不育病症进行深层治疗的研究。90 年代，深研易学八卦，提出“心-肾-子宫”生殖轴之观点。后又研究易数律，未病调治。由于调治不孕症卓有成效，被患者誉为“送子观音”。曾多次赴欧、美、澳洲讲学，阐述月经周期与“调周法”及易数律之说，颇得海外学者好评。

夏桂成从事中医妇科临床近 60 载，苦心钻研，精于求证，临床疗效显著，患者络绎不绝。他体恤病患，仁爱慈和，往往有出奇制胜之效，引得病家奔走相告，口碑相传，誉满金陵。

夏桂成主要著作有《中医临床妇科学》、

《不孕不育与月经周期调理》、《实用妇科方剂学》、《月经病的中医诊治》、《中医妇科理论与实践》、《妇科用药心得十五讲》等。

夏桂成淡泊名利，甘于奉献，潜心学术，勤于临床。他几十年如一日，提携晚辈，诲人不倦，至今笔耕不辍，推陈出新。在苦学钻研之中，凝聚了他大半生医、教、研的乐与苦。

家贫志坚　苦学育才

1932年，夏桂成出生在无锡江阴南石镇的一个贫困的农民家庭。弟兄三人，他排行老大。他幼时体弱多病，形体羸弱，时常感冒发烧，腹泻发热，却因家境困顿，只在病重时才请医生救治，如是体质越发虚弱。父亲亦有眩晕病，发作时只能卧床休息，父亲时有发病，母亲一人操劳，辛苦异常。生活的艰难与烦苦，夏桂成自小便记在心里。他五岁时进入村中私塾念书，习诵《三字经》、四书五经等古文。夏桂成的记忆力很好，极少因背诵不出而受罚。第二年试写简短古文，或给命题，或即兴写作，夏桂成曾因即兴咏雨，书言百字，获先生赞赏，称其词语允当，颇具意味。

夏桂成私塾毕业，家中无力供他继续读书，父亲打算让他务农。经私塾先生再三劝说，父亲才同意让他去离家几里地的南石镇南闸小学念书。学校每天有早晚自习课。夏桂成早上四五点起床，遇有风雪则起得更早，到学校时往往天还未全亮。父亲每天风雨无阻地来送午饭，让幼小的夏桂成一直心存感激，暗暗发誓要用心读书，为父母争气。晚上回到家里，他总是用心苦读。母亲每晚织布，经常至半夜才停歇，夏桂成便挨在母亲身边，借着昏暗的油灯温习功课，虽然辛苦，却也觉得十分充实。在小学期间，夏桂成的学习成绩总是名列前茅，每每博得老师的好评。

小学毕业后，家中的困难情形有增无减，父亲认为他和两个弟弟不能再念书了。但老师多次上门劝说，希望他能参加南菁中学的入学考试。南菁中学是江阴的名校，素以教育质量高闻名一方，苏北许多小学毕业生都去参加入学考试。父亲经不住老师三番五次地劝说，勉强同意夏桂成报名参加考试。不料夏桂成一举考中。父亲也期望他能有出息，便咬咬牙让他继续求学。南菁中学离家很远，他只能在校寄宿，平生第一次离开家庭而独自生活。

初中一年级时他凭着天资聪颖又刻苦勤奋，成绩依然优秀。但是到了二年级，家中实在交不起学费及伙食费了；同时，时局也很不稳定，时常听到江边的枪声和炮声，甚至还发生了教师和学生失踪的事件，人心惶惶，夏桂成无奈辍学回家。

辍学后的夏桂成心情郁闷，经常独坐无语。父母担心他年少体弱，干不了田里重活，于是让他去上海，在一家远亲开的袜子工厂打杂，兼做书写的事。夏桂成偷闲坚持学习。1949 年初，上海时局动荡不安，工厂纷纷倒闭，他做工的那家工厂也未能幸免。夏桂成只得又回到江阴老家。

正当父母愁眉不展、夏桂成为前程迷茫的时候，家族中一位长者听说他成绩优秀，愿意介绍他到门人夏奕钧医馆学医，以习得一技之长。父亲虽然很高兴，但依然愁眉不展，因为在当时，学医须筹措一笔不小的费用。父亲为了儿子的前程，东借西凑筹得学费，终于将夏桂成送去学医了。

夏奕钧是江阴名医，自幼敬仰伯父——著名儒医夏小谦，师从堂伯夏维祺，后再从无锡名医朱莘农，技艺与日俱增，学术益精。他勤于临床，诊疗细致，尝谓“读书无眼，病人无命，息息相关，切莫等闲”，由此可见其为学及从业的严谨态度和严格要求。

夏桂成拜师后视师如父，谨慎行事。白天，他随师抄方侍诊，习诊法，观脉象，察组方，研用药；晚上，研医著，录笔记，撰心得，理脉案。每天早起诵经文，背汤头，记药赋。如此三易寒暑，方入中医学之门径。学习之余，他还替老师家打理各种家务，挑水劈柴，烧火扫地，非常辛苦。

头一年，夏桂成跟着夏奕钧在家中抄方，背诵老师吩咐阅读的经典，《黄帝内经》、《伤寒论》、《金匮要略》、《神农本草经》无不背诵得朗朗上口。夏奕钧时常考问，夏桂成每每对答如流。夏奕钧讲授不多，主要靠夏桂成自己阅读经典后心领神悟，勤学多思才能有所得。

一年后，夏桂成开始跟随夏奕钧出诊。各种急重症、疑难杂症，经夏奕钧诊断用药，时常效若桴鼓，令夏桂成大开眼界，更加激发了他学习中医的兴趣。他结合临床诊治病例，再去医著中寻找答案，深入思考，内科功底日见增长。

夏奕钧治学严谨，平时白天诊疗，晚间研读经书，常常至深夜。老师勤奋不倦的精神，深深感染着夏桂成。他深信“大海不拒细流所以成其大，泰山不拒抔土所以成其高”，只要自己注重点滴经验的积累，坚持临床详加辨证，于细微处见真知，并在处方时再三斟酌，如此日积月累，有朝一日，也一定能成为夏奕钧这样的名医。

一日，夏桂成回家探亲，恰逢邻居家有人患病，已一月有余，时发高热，延请多名医生诊疗，均不见好转。家人心情沉重，眼见患者日渐虚衰而无计可施，已经在悄然预备后事。本来已约请一位有名望的医生来诊治，不料这位医生因故未能如约，家人更是急切异常。一好事者说：夏家桂成学医近三年，将要出师，昨日返家，何不请他试诊？邻人并不同意，认为夏桂成未出茅庐，能成何事？患者之妇尤不同意，面色之冷，令人生畏。但好事者说：既无医师可请，叫他看看，也无不可；何况病势危重，不治更可怕。于是邻人请夏桂成来诊。当时夏桂成想自己尚未出师，临证经验不多，就想回绝。但父亲劝道：人命关天，医家仁慈，当去诊看。且成事在天，谋事在人，以尽关怀，也是好事。于是夏桂成来到邻居家中，看患者神志已不清，发热亦深，舌苔焦腻黄，胸膈不畅。家人曰：作哕多时。夏桂成回忆老师曾经遇到过一例相似患者，犹记得老师之处方用药，但虑其湿热深重，气血壅阻，阳气不得上升，脾胃不和，便试用苦辛通降之法，拟进黄连汤及旋覆代赭汤加减。患者家人将信将疑，并无取药之意，还是在好事者催促之下才到药房取药。药房中有一苏北老药工，因其抓药数十年，有“半个医生”之称，他看了方子，又问了症状后，大加赞赏，说方子开得很好。这时病者家人方让患者服了药。数日之后，邻居竟然来请夏桂成去复诊，说：服药后已然有起色，热已渐退，神志渐清醒，恳请再加处方以求痊愈。夏桂成初次尝到诊疗成功之滋味，更觉欣喜，但考虑到自己尚未出师，复诊不太妥当，便转请老师详加诊察。夏奕钧诊察之后，问及前方为夏桂成所开，认为他遣方用药得当，特别欣喜，并对夏桂成的叔父说："桂成乃可造之材，稍加培养，日后光吾道者，必此后生也！"

这件事使夏桂成备受鼓舞，学习中医更加刻苦。他觉得成才没有捷径，只有努力不懈，才有希望成为一名医术精湛的良医。坚定此念之后，他又如痴如醉地投入了学习。

出师后的夏桂成先在地方行医，后到联合诊所。中华人民共和国成立之后，夏桂成又赴无锡参加高考，不久便收到了成都中医学院的录取通知书。但终因路途遥远，交通不便，家中双亲体弱多病，兄弟幼小，离乡读书，困难重重，他左思右想后还是放弃了。两年后江苏中医进修学校（今南京中医药大学的前身）成立，开始招收学生，他又一次被录取了。这一次学习改变了夏桂成的精神面貌。大学期间一切费用由国家负担，他无须再为吃饭和交学费忧虑。这是他一生求学过程中最为快乐的时光。在老师的辅导下，他对《黄帝内经》、《伤寒论》、《金匮要略》、《景岳全书》、《丹溪心法》、《脾胃论》、《临证指南医案》，以及不常见的《绛雪园全书》、《鲟溪医论选》、《医贯》、《名医汇粹》等经典医籍都进行了全面系统的研读，进一步提高了中医理论水平。

中医进修学校的藏书很丰富，夏桂成把遨游经典医籍海洋看做是一种无比快乐的享受。他说，许多书籍都是在这一阶段读的，一些珍本善本，读过后难以忘怀，一些经典的范例，至今仍耳熟能详。江苏省中医进修学校名医云集，夏桂成寻找一切可能的机会向他们求教，博采众长，医术益精。

定向妇科　不懈钻研

江苏中医进修学校的学生来自四面八方，年龄不一，经验各异，谈论医术时，各抒己见，常常令人耳目一新。进修班有四个班级，班级之间互相授课，称之为交替教学。所谓交替上课，就是让学生自己收集材料，自己整理观点并到课堂上讲解。这种教学方式锻炼了夏桂成的自学和归纳能力，并且提高了他做学问的功力。

在此期间，夏桂成还参加了《中医学概论》的编写工作，负责编写总论部分，并分担《诸病源候论》的部分校注工作。交替教学时，除了中医基础理论，夏桂成用心最多的是方剂学，对于许多方剂的沿革、运用等进行了深入研究，颇有心得。方剂教研组主任彭怀仁，也就是后来南京中医药大学编写《方剂大辞典》的主编，对夏桂成很看重，曾经邀请夏桂成毕业后留学校方剂教研组任教，但未能成愿。夏桂成被安排到江苏省中医院，让他专心从事临床工作，这为他日后成为中医妇科大家奠定了基础。

在交替学习的同时，南京举办了多期全国中医妇科教学研究班。许多中医前辈虽然有丰富的临床经验，但不善于演讲，难以承担课堂讲授任务。师资缺乏，有人提出让夏桂成来“顶缺”。年轻的夏桂成竟不假思索地应承下来。他凭借聪明好学和吃苦耐劳的精神，经常通宵达旦备课，准备了很多材料，不久竟上台讲课了。学员大多是来自全国各地的中医。这次教学锻炼了夏桂成。通过教学，他对妇科学的理论进行了系统整理和归纳。至今，夏桂成回忆当时的经历，还万分感慨，认为自己通过教学对许多学术问题的认识有了很大的提高，一年的收获胜过五六年。

1956年，24岁的夏桂成以优秀生称号从江苏省中医进修学校毕业，被分配到江苏省中医院内科工作。他对中医内科充满了期待，因为内科被认为是能让年轻的中医施展才华的领域。有了在内科跟随夏奕钧学习及从医3年的经历，夏桂成对自己充满信心。

谁知他在内科工作刚几个月，领导就决定调他去妇科工作，理由是妇科的几位医生关系不和睦，夏桂成天性温和，与人为善，去妇科工作，可以起到“协调”的作用；况且妇科也缺少年轻的男医师，他去妇科会对妇科发展大有裨益。

夏桂成以大局为重，服从上级安排，转而从事妇科工作。他从头开始，潜心钻研妇科临床和学术。

翌年，夏桂成跟随妇科主任黄鹤秋学习妇

科临床经验。夏桂成回忆说，抄方侍诊时黄老一般讲解不多，要靠自己去揣摩、领会临诊和方药的内涵，心悟其理。黄鹤秋是他初入妇科的引路人，他的临证思路亦受黄老影响较大。一次，夏桂成冒昧地问道："方中缘何多次使用白术、陈皮？"黄鹤秋严斥道："抄方之久，如何不识？肝气有余，多传于脾，每每先固脾气也。"从此，夏桂成临证用药，时刻牢记黄鹤秋教导的健脾和胃原则。

夏桂成说他在临证中喜用越鞠丸也是受到黄老的影响。黄鹤秋用药偏于疏肝理气健脾，女子以气为主，以行气调达为主法，药多用柴胡、枳壳、枳实、香附之属。夏桂成如今所用，已经在其基础上更清轻疏解，药用柴胡、荆芥、绿萼梅、玫瑰花等。

夏桂成常怀念黄鹤秋，叹道："惜黄老未能留下一则病案、医话，更不用说一本心得书籍了"。早年，夏桂成曾经写过一篇有关黄鹤秋经验的文章，遗憾的是，投稿后竟被编辑遗失了，因而未能发表，给他留下终生的遗憾。所以，他认为医家应当将自己的经验和学问保留下来，以供后学参考，泽被后世。这大概就是夏桂成一生勤于耕耘、善于总结的原因之一吧。

夏桂成回忆当初年轻医生诊病之难时说，曾有一女性，在他桌前坐下后，扭头看见有个老医师，立刻站起来，一声不吭地坐到老医师诊桌前去了。虽然面临作为年轻妇科医生的尴尬，但他不气馁。为了增加自己的临证体会，他经常跑到很远的地方追访患者。他对一些出血、保胎的患者，尤为重视，经常利用星期日去探望。南京大行宫地区有一位保胎女性居家治疗，他周日去探访。当他走到巷子口时遇到患者的一位邻居，告诉夏桂成不要再去她家了，因她的丈夫对年轻男医师热情随访产生误会，从而夫妇间发生口角。夏桂成却依然登门随访，并且告诉她的丈夫保胎的重要性，要求家属与医师同心协力，关爱病人，共度流产之难关。经他多次上门治疗，患者出血停止，她的丈夫也体会到年轻医师的良苦用心，因而冰释前疑。婴儿出生后，夫妻双双特意登门面谢夏桂成。他对患者的关心和爱护，由此可见一斑。

夏桂成将自己学来的知识进一步综合运用，凭借扎实的内科功底，逐步领悟到妇科学的特点。他临证注意女性的生理病理特征，总结出诊治路径和方法，找他医治疾病的患者日渐增多。他说，自己最大的愿望是药到病除，使患者摆脱痛苦。

有一妇女，年逾五十，绝经三载，腹部膨大，赴某医院诊治，判定为盆腔肿块，颇难治疗；继因感冒致神迷呓语，腹部更隆，均谓无治。举家惶惶，已备后事。适有患者亲友与夏桂成相交甚笃，求他前去诊治。夏桂成谨察细思，据其脉象细微，重按有力，舌苔干涸根部焦黄，遂用和法表里双解。热解后转用黄老消食化积法，前后调治经年，肿块消失，体健逾昔，其家人登门跪谢，情真意切。这个成功病例使夏桂成感到，只有具备精湛的医术，才能解除病人的疾苦，博得患者的真情信任。因而，他更加努力地钻研医术。

从事妇科临床工作数载后，夏桂成深切地感受到，妇科虽列为临床四大学科之一，但是近百年来其学术疏于发掘，其理论依然依附于中医内科学，散漫无纲，对于临床指导，对于后学的继承，都极为不利。如何寻求妇科学术上的发展，这是他诊疗之余一直思考的问题。

1958 年起，夏桂成参加南京中医学院的课堂与临床教学，带教“西医离职学习中医班”的学员。这些学员绝大多数是来自全国各个地方的有名气的西医，如协和医科大学的葛秦生、长春中医学院的杨宗孟、南京军区总医院的苏延华、南京妇幼保健院的金丽华等。

在“西学中”班上，协和医科大学的葛秦

生介绍了国外有关基础体温（BBT）测量的知识。对于在临床中动态观察月经周期的变化，BBT 测量是一种方便价廉的检查手段。这一方法引起了夏桂成的兴趣，他用此法研究基础体温的变化，并以基础体温变化的规律，客观地描述一些妇女的生理现象，使之形成一系列易于被接受的中医妇科学理论；他又借助这项测量方法，与中医理论融会贯通，使中医妇科学的部分理论得到了现代科学的阐释，从而进入一个新的阶段。

南京中医学院妇科教研室师资严重缺乏，教务处长陆莲舫聘请夏桂成担当中医妇科学的主讲教师。为了能够扎扎实实地搞好教学工作，夏桂成将自己几乎全部的业余时间都用在教学准备上，编写讲稿，备好每节课。编《中医妇科学》讲稿时，他又一次将中医妇科学的有关理论重新按章节整理，力求用深入浅出的语言将深奥精微的中医理论表述出来，使学生容易接受和掌握。

夏桂成昼夜伏案，如痴如醉地将《中医妇科学》讲义从总论至各论的每一章节进行了认真的归纳整理，写出了建校以来的第一部妇科备课笔记和讲稿。

夏桂成拿着这部讲稿走上讲台，心中仍十分忐忑不安，因为同时给学生授课的教师，都是赫赫有名的中医界名家，如内科学的周筱斋、周仲瑛父子，外科学的许履和，儿科学的江育仁，针灸学科的邱茂良，等等。与他们比较，夏桂成觉得自己无论在理论功底，还是在临证经验上，均相差甚远；自己若想不负众望，讲好中医妇科学，确实需要下一番苦工夫。因此，他一面继续翻阅《清代名医医案精选》等古代中医书籍，从中精选一些名家医案，用到讲稿中，以丰富教学内容；一面紧随妇科主任黄鹤秋，记录他每次门诊的病例，分析他组方用药的匠心所在，汲取其中丰富的临床经验。

1960年，南京中医学院承担全国第一版中医高等教育统编教材的编撰，夏桂成负责编写《中医妇科学》部分。他虚心地向当时颇有名望的基础课程教授丁光迪、陈亦人、孟澍江、沈凤阁、张谷才等请教，还孜孜不倦地拜读钱伯煊、王渭川、朱小南、韩百灵、哈荔田、罗元恺、刘奉五、何子淮等中医妇科名医的著作和文章，为编好教材作多方面准备。他认为，中医妇科学作为中医临床四大主流学科之一，长期以来积累了大量的医疗经验和方药，可以指导人们探索其真谛。古今多少名医寝馈岐黄，将其三折肱之甘苦记载下来；亦有不少临床大家因忙于诊务而无暇著书，但他们独到的见解由其弟子及门人收集整理，弥足珍贵，值得永世珍藏相袭。第一部国家级中医药高等教材一定要集先贤各家精粹，精当编纂，以利后学。因此，夏桂成在编写过程中不厌其烦，反复修改。许多资料，因为要遵守教材篇幅的限制性规定，只得忍痛割爱。最终形成问世的《中医妇科学》教材，虽不甚厚重，却凝聚着他和一代中医前辈的心血及他们为中医药学高等教育所作的贡献，是一部开创性著作。

1964年，《中医妇科学》第二版教材开始编写，由成都中医学院任主编，但总论部分仍交由夏桂成负责。由于有前一阶段的积累，第二版教材至今影响较好。

从此，南京中医学院中医妇科学的教学任务，就落到夏桂成的肩上。

然而，要想搞好教学，他还有一关要过。那就是他从小生活在苏南，浓郁的乡音在不同程度地影响学生的听课效果，北方学生受影响最重。为此夏桂成想尽办法，将脏腑、经络、气血、冲任与奇经八脉对妇科的影响整理得条理清晰，将各论中的崩漏、闭经、不孕症等复杂病证思路归纳得深入浅出，很利于学生的理解。但讲授出来，仍有一部分外省学生反映，因听不懂江阴话而不能理解夏老师的授课内容。夏桂成决心改掉乡音，为此他跟着收音机中的播音员练习普通话，同时安排授课班级的课代表组织课后学习小组，给听不懂或未完全听懂的同学补习，将范本笔记作为第二课堂的读物传阅，让同学们融会贯通，深入理解。他深有体会地说："我不仅教了学生，也使自己理清了思路，在专科学习上得到促进，实乃教人一筹，亦充实自己一程矣。"在教学活动中，他系统学习了《景岳全书·妇人规》、《校注妇人大全良方》、《女科证治准绳》、《傅青主女科》等妇科著作，他的知识更加充实完善。他决心要将新兴的中医妇科学发扬光大！

诠释絪缊　创立新说

医家前贤云："宁疗十男子，不疗一妇人。"其意为妇科疾病复杂，经、带、胎、产诸种生理因素交织在一起，构成生殖障碍与气血阴阳之间的复杂的联系，寒热虚实诸多原因又夹于其中，头绪之多，时常让医者有一种如乱麻难理、百思不解的困惑。

夏桂成凭着聪慧过人的悟性，丰富的妇科临床实践和深厚的内科功底，逐渐感悟到女性的生理病理确实是有规可循、有矩可蹈的——纵然有千头万绪，都围绕着月经的变化，反映气血阴阳交替的节律性。正如李时珍云："女子，阴类也，以血为主，其血上应太阴，下应海潮，月有盈亏，潮有朝夕，月事一月一行，与之相符，故谓之月水、月信、月经。经者，常也，有常轨也。”夏桂成想：既然人与自然相应，上应于天，有月盈亏，下应于地，有潮水涨落，人在于中，这种规律又如何呈现？

1958年，北京协和医院葛秦生介绍的BBT使夏桂成茅塞顿开。他想，如若采用BBT来测量月经周期中体温的节律变化，不就一目了然了吗？他迅速将基础体温与女性生殖周期变化整理成文，发表于《中国医药学报》。

当时，江苏省中医院与江苏省中医研究所同在一院落，研究所妇产科主任孙宁铨是一位西学中的高才生，与夏桂成结为好友，两人经常在诊务之余，交流对妇科疾病的看法，特别是对医理的阐释，如胞宫、冲任、奇经八脉等，经常争论得面红耳赤。中西医对妇科某些疾病认识的相吻合或相互不同，都成为他们讨论的话题。在全国中医妇科学术大会上，两位学者均曾被选为常委，为中医界所瞩目。1991 年，孙宁铨因患肺癌去世，夏桂成为失去一位知己而悲痛万分。为告慰九泉之下的好友，他责无旁贷地接替孙宁铨指导最后一位硕士研究生完成毕业论文并通过答辩。

通过与孙宁铨等“西学中”同事的深入交流，夏桂成大胆提出“经间期学说”，这在中医妇科学的历史上尚属首次。“经间期”概念如何界定？是“西医的学说”吗？一时间各种怀疑和否定的言论大量出现。中医妇科学界的元老们要求夏桂成给出典籍中名家的经典论述依据。于是他承受各种压力，一头扎进浩瀚的古医籍海洋中，终于寻觅到《女科证治准绳》中引袁了凡的一段话：“天地万物，必有氤氲之时，万物化生，必有乐育之时……此天然之节后，生化之真机也……丹溪云：凡妇人一月经行一度，必有一日氤氲之候，于一时辰间，气蒸而热，昏而闷，有欲交接不可忍之状，此的候也。于此时逆而取之则成丹，顺而施之则成胎矣。”于是，他引经据典，分析说：早在明代以前，先辈已认识到妇女月经间期中有一日是受孕的真机所在，即现在所称的“排卵期”。关于此阶段的出血病症，前人虽无专论，但既然云为“的候”，蕴于其中的病理应是不言而喻了。

这一观点，后来在全国高等中医药院校第五版统编教材《中医妇科学》的编写过程中，甚为广州中医学院著名妇科专家罗元恺赏识，他当即聘夏桂成为统编教材编委会委员。教材中列入“经间期出血”一病，《经间期出血病症》一章的撰写者非夏桂成莫属。

提出“经间期出血”之病，夏桂成的研究仅仅是起步。他精心地搜检了中医前贤对排卵期生理特点的论述，只有《女科证治准绳》中引述了袁了凡之说。他认为，经间期在女性生殖周期中所居地位非常重要，对经间期深入的认识，是揭开周期学说奥秘的症结。“细缊”

(也作絪缊),《辞海》中解释这种状态为“气和光色混和鼓荡貌”。这种古老表象的描述,并没有令夏桂成满足,他试图利用现代医学的检测手段作出科学解释。他援引“基础体温”的概念,而基础体温可利用超声显像技术监测排卵期体温的变化规律。夏桂成觉得基础体温变化测定对他探讨经间排卵期的问题能提供客观的依据,因此他加强临床观察,积累实验数据。

经间期是整个月经周期中的一次重要的生理转化时期。夏桂成认为:细缊状活动排出精卵(精良卵子,下同),是经间期最大的生理特点,临床上可以伴随出现一定量的锦丝状带下、两少腹或一侧少腹有轻度的或较为明显的胀痛、胸闷烦躁、乳房或乳头胀痛等气血活动反应。经间排卵期的细缊状气血活动,是经间排卵期必然会出现的一种生理现象。人是有自控能力的,在这种乐育之气刺激下,会出现强、中、弱三种状态,二次活动或细缊状偏短偏长的一些不同反应。

细组状较强状态，排卵顺利。细组状容易受到一些干扰因素的影响，其一与体质的特点有关，或者禀赋阳盛，或者心肝气火偏旺，气火易动，触动阳盛或心肝气火，出现絪组状较强的状态；其二与癸水肾阴的重阴略有不足有关，必须加强血气活动；其三与情志因素的干扰有关，在长期的轻度精神刺激下，亦易致心肝气郁，从而影响到经间排卵期的气血活动，因而要增加排卵期的细组状活动，才能促使顺利转化，顺利排卵。

细组状一般的状态，排卵也较顺利。就一般健康的生殖状态而言，经间排卵期，在重阴必阳的转化下，细组状呈一般反应。从数量上、质量上、时间上均符合经间期的正常要求，也是一种较为健康的经间排卵期。

细组状较弱的状态，排卵亦较顺利。但一般细组状气血活动不明显，基础体温由低温相上升到高温相较快，高温相与低温相的差距在0.4℃以上，亦符合阴转阳的健康要求，或者偶尔遭受一次强烈的精神因素刺激，或者是过度的疲劳因素，在经间排卵期气血活动引起的局部或全身反应，自然也就不明显。当然亦有较差者，经间排卵期有所延长，基础体温高温相上升较缓慢，此属亚健康的经间排卵期生理变化。

除了上述的三种状态外，夏桂成还观察到：有少数女性，由于体质异常，工作、学习、生活中时常有紧张状态出现，到了经间期，锦丝状带下有所减少，一次絪缊状活动，未能达到转化排卵，偶尔呈现出两次经间排卵期絪缊状变化，这亦属于生理范围。亦可能有极少数人，生理上有特殊性改变，月经经常失调，常可出现两次经间排卵期的变化，形成一贯的月经后期，无其他的反应，属于异常生理。

中医古籍中尽管有絪缊状的描述，但并没

有排卵规律的记载。为了能够解释这一问题，夏桂成一边临证，一边查阅医籍。根据圆运动生物钟节律变化的规律及月经周期中阴阳平衡的调节机理，他逐渐领悟到，经间期之所以到来，排卵之所以顺利，固然与细缊状血气活动强弱有关，但更为重要的是，与重阴必阳有关。所谓重阴必阳，是阴长运动已达“重”的水平，即达到生理上的极限。阴阳之间的不平衡状态已到达顶峰，如不转化，排泄有余之阴，让位于阳长，则阴阳之间对抗消长，维持总体性的平衡亦无法进行，生理转变为病理，周期性的节律无法形成。必阳者，是阳长开始也，进入到阳长至重的经前期。经间排卵期是阴阳更替的转化期，与行经期一样，有着除旧迎新、血气活动的特点，但不同的是，经间排卵期以出新为主，排出精卵，为繁殖下一代做好准备。

夏桂成对张景岳所云的“无形之水，以长以立”观点尤为重视。他认为，首先，阴水相当于雌激素类物质，在经间排卵期可达高水平。正由于此，可以出现数量较多、质量较黏稠的锦丝状带下。再则癸阴之水与血海（子宫内膜）的关系，以癸阴之水为前提，癸阴之水高则精卵成熟，血海充盈（子宫内膜丰厚）。其次，重阴还包括津液在内，在癸水之阴滋长的同时，必然亦涉及津液的增加，因为癸水属于肾阴，肾阴者与诸阴有关也。张景岳在《景岳全书·命门余义》中说："五脏之阴，非此（指肾阴）不能滋。"说明肾阴应该包括癸水之阴在内，是滋养五脏的物质，津液者，亦来源于脏腑，不仅滋养生殖器官，润泽生殖道，有助性功能，而且还有营养全身、滋润皮肤毛发的作用。所以当癸阴滋长很高，精卵发育成熟，血海内膜充盈时，其津液亦是多的。可以认为，津液是随着癸阴肾水滋长而增多，亦可随着肾阴癸水的低落而减少，甚则缺乏到干枯。再次，阴水亦包括水液代谢，水湿与津液本为一体，但水湿则更为清稀，流动性更为广泛，更为充沛。全身对此的需要量也最大，水湿代谢虽与肺、脾、肾、三焦、膀胱的气化有关，但水湿毕竟属于阴类的物质。就妇科月经周期与生殖节律而言，既与肾阴癸水有关，同时又与任、督、带等奇经有关，当阴长至重时，水湿亦必然高涨，阴长水平偏低时，水湿亦必然低落，当癸水衰少时，生殖道内的水湿低落而显得干燥。

补肾调周　创制方药

有了排卵所需“重阴”的条件，夏桂成根据时相规律，即以日相而言，日中午时是重阳的时间，半夜子时是重阴的时间，推断重阴转化排卵的时间应在半夜子时。《灵枢·营卫生会》云：“日中而阳隆为重阳，夜半而阴隆为重阴。故太阴主内，太阳主外……与天地同纪。”《素问·金匮真言论》云：“平旦至日中，天之阳，阳中之阳也……故人亦应之。”人体阴阳昼夜节律，是人与自然相应的结果。夏桂成在临床上对此进行了观测，即对多例生殖功能正常却因炎症阻塞性不孕的女性，在B超监测下，系统观测其排卵的情况，卵泡发育到20～

22mm，表示卵泡成熟，次日复查，成熟卵泡已排出。经多例观测后，他总结出排卵是在夜间发生的这一特点。

夏桂成通过实践进而认识到，阴阳之间的协调，除了重视“重阴”外，也不可忽视阳气的作用。阳有足够的基础，转化后让位于阳长，阳长顺利，呈阳长迅快刚强的特点。他提出，经间期重阴必阳，首先取决于重阴，癸水之阴与成熟精卵，也不能缺少阳的作用；癸水之阳，脾肾阳气。其次取决于血气活动即䌵缊状活动，取决于阴阳圆运动生物钟的生殖节律。

夏桂成一直在探寻“七、五、三奇数律”在排卵转化中呈现的特异性。根据多年的观测，他认为“七、五、三奇数律”，基本上能概括所有的特殊病例。

七数律者，意谓行经期7天，经间排卵期7天，且很有规律。由于七数律者，日数较多，虽然真正的排卵仅1天，但前后准备时间、阴阳交替的时间较长，因人而异，有的波动较大，有的波动很小，两者基本上属于生理范围。五数律者，意谓行经期5天，经间排卵期5天，很有规律。三数律者，意谓行经期3天，经间排卵期亦3天，很有规律。

夏桂成提出的经间期的理论有两大特征，一是重阴必阳，絪缊状的血气活动；二是“七、五、三奇数律”，在整个经间期的动态演变过程中存在着动静、升降、藏泻的变化。重阴必阳是月经周期中经间期阴阳运动的必然结果，经后阴长阳消，阴长至重，重则转化，否则不能恢复阴阳平衡；通过转化，排出卵子，重阴下泄，让位阳长，出现絪缊状排卵活动，并伴有动静、升降、泻藏的变化，完成转化排卵。在转化排卵过程中存在的个体差异，受“七、五、三奇数律”所支配。至此，夏桂成应用经间期理论阐述月经周期生理活动的规律得到完善。

经间排卵期的病理特点，文献缺乏记载。

夏桂成经病例统计分析，发现经间排卵期有四种病理特点：一是排卵失常表现为排卵障碍；二是排卵失常表现为排卵不协调，包括排卵或快或慢，前后时间不相同，与“七、五、三奇数律”不协调，甚则出现排卵时间紊乱等；三是“痰浊、水湿、郁滞、血瘀、寒凝”五大病理因素干扰或阻碍排卵；四是动静、升降、泻藏三大矛盾的病变，涉及生理因素的病变，形成经间期特有的病理状态。

夏桂成认为，经间排卵期的治疗主要是围绕排卵、促进顺利排卵。因此治疗原则必须建立在调节心-肾-子宫轴的前提下，既要考虑整体性，又要关注局部性。他根据多年临床运用“月经周期与调周法”的经验认为，整体性的占多数，局部性的为少数。整体性者，关注心肾阴阳，治疗应以重阴转阳的失调为主，亦涉及肝脾冲任血气的活动；局部以冲任厥少等血气活动为主，亦涉及心肾之重阴，包括诸多的病理因素。他在《论经间排卵期的生理治疗特点——经间排卵期的治疗特点·调节心-肾-子宫轴以促排卵》一文中主要介绍局部性治疗，并以活血通络以促排卵为要法。他提醒在局部性治疗中，要切记整体调节势必涉及心肾阴阳。保证重阴，稍佐活血，经间排卵期的治疗，特别是针对心（脑）-肾-子宫轴的调节，重视燮理阴阳及其血气絪缊状的活动是颇为重要的，调节不仅要促其排卵，还要排出优质精卵。夏桂成认为，注重经间期的有效调治必须处理好五大干扰因素，其中尤以处理痰浊最为重要；处理三大矛盾病变，以动静矛盾的处理更为重要。这是夏桂成经间期论治的特点之一。

经间排卵期的具体治疗分为三个阶段，开始阶段是活血通络以促排卵，重在调心；中间阶段是补肾为主，稍佐活血，以促排卵，重在补肾以提高癸水阴阳水平；末尾阶段是临床加减，以应辨证辨病的要求。

活血通络以促排卵，重在调心。适用于细缊状血气活动欠佳，排卵有所困难者，或者重阴稍有不足，锦丝状带下稍有减少者，或者卵泡尚未发育成熟，但排卵势在必行者，均需用夏氏促排卵汤。具体药物组成为：丹参、赤芍、五灵脂、川续断各10g，荆芥6g，红花6～9g，柏子仁、川牛膝各12g，或加川芎6g。水煎分服，1日2次，连服7天或5天，或3天。本方药是夏桂成临床验方，其特点是，首先立足于血分。因为女子以血为主，丹参一味，功同四物，赤芍、五灵脂、红花是著名的活血通络药物，且心主血，经间排卵期的血气活动与心有很大的关系，是活血通络的特点；其次注意到部位，因卵巢处在少腹部，故与厥少经络有关，五灵脂、赤芍、红花，为肝经少腹部的活血通络药物，丹参、柏子仁、红花是关联心（脑）功能的活血通络药物，必要时尚需加入川芎以助之；同时注意到以升为主的升降特点，经间排卵期以升为主，所以方药中用荆芥、川芎之升，复用川牛膝、柏子仁之降，而且升降药物的重点在于心脑。

补肾爕理阴阳，稍佐活血以促排卵，为常用的补肾促排卵汤。方药如下：丹参、赤白芍、淮山药、山萸肉、熟地、炒丹皮、茯苓、川断、菟丝子、鹿角片（先煎）各 10g，五灵脂 12g，荆芥 5g，红花 6g。本方药亦是夏桂成的临床验方，极为常用。本方药的特点，第一是阴阳并重，亦即滋阴药与助阳药合并使用，并在选药和用量上占有同等重要的地位。方药中原用当归，他改用丹参，原因是当归润肠，易致便泻，故改用丹参，且有调心的作用。方中鹿角片，亦可以紫石英代之，如有心肝气火较旺者，当以紫石英或鹿角霜代之为佳。第二是稍加活血通络的药物，方中加入赤芍、五灵脂以促排卵，以应这一时期的需要。第三是以升为主的升降运动特点，因为经间排卵期升降运动的形式是以升为主，故方中加入荆芥，或加川芎，剂量较轻，以符合要求，并照顾到肾阴阳包括癸水阴阳的特性。

经间排卵期，除着重局部为主的活血通络以促排卵，以及整体为主调燮阴阳稍佐活血以促排卵的治疗方法外，在经间排卵期，还有痰、湿、气、血、寒的五大兼证需处理。夏桂成认为，经间期在治疗方面并不是兼证兼治这么简单，五大兼证均有其特点和复杂性。

痰脂证的处理。夏桂成常选用越鞠丸或越鞠二陈汤，或随证加减。急则治标的方药，他喜用苍附导痰汤、启宫丸、芎归平胃丸，等等。他认为朱丹溪对此认识较为深刻，提出了“脂膜壅塞胞宫”的论点，所创制的“六郁汤痰郁方”、“消脂膜导痰汤”等，均可以效法。同时亦不能忽略经间排卵期的重阴和细缊状活动两大特点，重阴与痰脂稍有碍，而血气活动则必须保证，是以尚需加入五灵脂、赤芍、川续断、川芎、荆芥等1～2味，亦算是标中顾本之意。若从因论治，就必须考虑到肾肝而顾脾的生痰之源。在经间排卵期，用补肾促排卵汤合越鞠丸的同时，还应加入防己黄芪汤一类药物。痰脂结为癥瘕，当从化痰消癥治。经间排卵期、行经期均可选用桂枝茯苓丸、防风通圣丸，加入排卵汤、补肾促排卵汤，在行经期调经方药中因势利导，获取佳效。

湿浊证的处理。湿浊干扰排卵，在处理上主要是兼证处理和重点处理。经间排卵期因湿浊干扰者，若程度较轻，除尿少苔腻之外，无明显症状者，可用排卵汤，或补肾促排卵汤，按正常的调周法论治，适当加入制苍白术各10g，薏苡仁15～30g，陈皮6g，车前子10g，泽泻9g等品。如偏湿热性者，可加入黄柏9g，马鞭草10g等。作为主证处理，此乃急则治标的方法。因湿浊颇为明显，不仅干扰排卵，而且使排卵不顺利。如经间期阴痒、出血、腹痛等，治疗又当分清湿热偏甚、湿浊偏甚、寒湿致病不同。如属湿热偏甚者，当以清利湿热为主，临床上常用红藤败酱散合四妙丸用之。夏桂成汲取《刘奉五妇科经验》、《哈荔田医案医话》中所载经间期出血病案，应用清利湿热的方法，有时用瞿麦穗、萹蓄、滑石、车前子等品，清利的力量甚强，实际上亦有助于推动血行，以促发排卵。湿浊偏甚者，带下甚多，常伴滴虫、假丝酵母菌性阴道炎的发生，当蠲湿利浊，临床上常用止带方、四苓散等方药，必要时需配合熏洗方药，如他拟用土槿皮洗剂，内含土槿皮、黄柏、苦参、威灵仙、蛇床子、花椒、明矾等。寒湿明显者，带下多、阴痒、经间期腹痛，当温阳利湿，临床上可用五苓散、温经汤加味等。

气郁证的处理。气郁者，夏桂成认为有心郁与肝郁两者。对心郁者，要舒解心郁，促发排卵。心气郁塞，自然影响经间排卵期的血气活动。当舒气解郁、促发排卵，方选远志菖蒲饮，药用炙远志6～9g，石菖蒲6～10g，丹参10g，赤白芍各12g，合欢皮10g，广郁金10g，茯苓神各10g，川芎6g，川续断10g，荆芥6g。在经间排卵期，按“七、五、三奇数律”服药。对肝郁者，要疏肝解郁，助促排卵。肝郁气滞，需用疏肝解郁的方法，因为肝居心肾之间，肝郁必对心肾有影响，从而干扰排卵。方药可用加减柴胡疏肝饮，药用柴胡5g，广郁金10g，制香附9g，炒枳壳6g，当归、赤白芍各10g，川续断12g，川芎6g，陈皮5g，服法同上。在服药的同时，还必须配合心理疏导，安定心神，缓解紧张情绪，才能获取较佳疗效。

血瘀证的处理。夏桂成认为，血瘀病变的发展有两种趋向，其一是湿性瘀阻，其二是干性瘀血。仅仅是瘀血者，可加重排卵汤的药物用量，或扩充活血通络的药物组成，或者在补肾促排卵汤中加强活血通络的药物组成或用量。

若发展为湿性瘀阻者，如盆腔粘连，可选用红藤败酱汤加入利湿通络之品，或加健脾助阳之品；若发展为干性瘀血者，如盆腔炎附件组织机化，需选用大黄䗪虫丸、银甲散一类方剂，在滋阴的基础上，组入活血通络、消癥散积之品。

寒凝证的处理。风寒邪客，干扰排卵，宜在补肾促排卵汤中或兼用荆防桑菊饮，或兼用桂枝汤。根据病情可酌加板蓝根、贯众等品。

经间排卵期，有其复杂的生理病理特点，因而也就有复杂的矛盾需要处理。除了活血通络、补肾燮理阴阳以及常见的五大兼证处理外，还要处理经间排卵期动与静、升与降、泻（开）与藏（关）三大矛盾。

对动静矛盾的处理，夏桂成认为促动促排卵的含义有二，方法有五。含义二者，其一是指母体的子宫冲任的血气活动，通过血气的有力活动，排出精卵，前人称之为“细缊乐育之气”；其二是精卵的自身活动力，精卵排出后的游移活动，一方面固然依赖母体冲任子宫的血气活动，另一方面尚需精卵自身的动力，因为不仅是为了排出精卵，更是为了孕育。他常用一般促动法（轻）、中度促动法、强有力的冲击疗法、补肾助阳法、动静结合法的五种方法促使患者排卵。在归纳动静、升降、泻藏开阖的运动形式中，他认为，总的来说，动是主要的，绝对的，但没有静，就不可能有动，动中有静，静中有动，才能保障动之正常。升降活动，亦是经间排卵期的特点。动与升相合，静与降相合，所以动中主升，是经间排卵期的正常生理；升中有降，降中有升，升降结合，才能保障升之有力，升之健康。泻藏活动，是子宫的动态反应。经间排卵期，子宫必须行泻，泻者，开放也，但泻中有藏，藏泻结合，才能保障泻之有力，泻之正常。动静、升降、泻藏三大矛盾的结合，形成经间排卵期的明显特色。

当经间期学说提出之后，加上既往对月经周期认识的行经期、经后期、经前期，四期的建立构成完整的四期系统，对月经周期节律的认识成为顺理成章的事。周期的周而复始，气血阴阳平衡，成为女性周期活动不可抗拒的规律，把握这一生理活动的规律，恢复有序的进程，是治疗女性疾病的基本法则。

夏桂成认为，经后期是一个奠定周期发展的基础时期，阴长阳消为主要变化态势。此时他尤重三项，即血、阴、精。他引用《景岳全书·阴阳篇》所言："元阴者，即无形之水，以长以立，天癸是也。"对《傅青主女科》中"经水出诸于肾"、"肾水足则月经多"等观点尤为崇尚。所以在这一阶段，他时刻注意顾护阴精，提倡此时静以生精养阴的观点，时时交代恢复肾阴需宁心安神，交济心肾，使肾水上承以济心火，心肝无亢火，下不扰阴，有利于阴精恢复。所以，他尤为强调要以静息、敛藏、镇降、择时为主。

临床上他以观察带下的质量呈锦丝状为标准，衡量阴精恢复情况。当进入经间排卵期之时，由于有“重阴”才能“必阳”，所以在前一阶段奠定基础的前提下，才能拨动促排卵之弦，使成熟的精卵有的放矢，顺利排出。这一阶段，他关注“乐育之气”、“细缊状气血活动”如期而至，不失为“真机”和“的候”。

排卵之后周期演变进入重阴转阳之中即经前期，基础体温上升。临床上由于这个时期病理变化较多，所以夏桂成将这一时期分为经前前半期和经前后半期两个阶段，前者在于排出卵子和阳长至重，胞宫得以温煦，受精卵得以驻扎发育生长；若未能受精则随着阴阳气血的调理，在经前期阶段，为排泄月经做好准备。这一阶段同样强调气、阳、血三者，在于宁神、理气和利湿。

从 1998～1999 年，夏桂成在《南京中医药大学学报》上连载了《月经周期与调周法》系列文章。近年，他又提出了月经周期五期和七期新论。在倡导微观辨证前提下，他将经后期这个阶段分为经后初、中、末期，加上经前期分为经前前半期和经前后半期，为五个阶段，再加上行经期和经间期，构成月经周期七期新论，从而使周期学说的立论与调治方法得以完善。

在整个月经周期的演变过程中，将阴阳消长转化的形式及动静、升降等一一对应的形式加以概括，并以矛盾对立与统一的自然辩证法观点为指导，盘活阴阳枢纽，启动气机升降协调。

临床上，在对疑难问题、复杂矛盾的病理状态调治过程中，夏桂成按上述立论从阴分论治，若久治未效或治疗后病者不适，则重新审视病证，或从其对立面及消长的情况处理。比如有例卵巢早衰病人，阴精匮乏，肾水不足，除提前闭经外，阴道干涩。夏桂成临证辨属肾阴不足，竭力补阴填精之后，病人非但未复，反觉脘腹胀闷难忍，烦躁易怒，失眠多梦，舌质红绛，脉弦细数。后来夏桂成改从阳消角度论治，滋阴与清热同用，并且重用清虚热之品使阳亦消，从而使患者阴分得复，主证改善，月经如期并受妊，住院保胎至妊娠12周，足月后顺产一健康女婴。

阴阳消长转化，需得燮理，“调”虽为先，但尚需理清思路。由阴分论治，却久治未愈，可重辟一径，从对立面考虑，以使阳消而逝，阴分得恢复。夏桂成常云：阴阳气血，变幻莫测，此女性生理病理复杂的一面。调理气血，调整阴阳，关键达到“燮理”这样深层次的治疗理念，方可掌握补肾调周法治疗之根本。

有一湖南患者，初潮后即月经后期，二三月一行，时需注射黄体酮方能来潮。2000年起苦于经血淋漓不净，屡次诊刮止血，不久复旧如常，顽固发作，南北寻治，久医不愈，痛苦异常。曾于多家大医院服用激素治疗，亦未能结子毓麟。2008 年，患者携厚厚的病历，辗转至南京找夏桂成求治，因当时已出血月余，色红量多，夹有血块，所以头晕眼花，心慌心悸，手足无力，大便稀溏，虚汗涔涔，夜寐甚差，形寒肢冷，腰下尤著。夏桂成诊查其舌质淡红，舌苔微腻，脉细弦，感其出血时断时续，日久经年，病久虚损，分析病机曰：肾虚偏阴，阳亦不足，阴虚及阳，心肝气郁，夹有痰浊血瘀，瘀血占据血室，好血不能归经。治以健脾益气、补肾化瘀之法，拟归脾汤加震灵丹加减。药后血即止，患者甚喜。夏桂成曰：血既止，当调周，求的候，诱节律。处以补肾调周之法，配合顾护脾肾之阳。如此四月余，患者竟结珠胎，其喜出望外，感激万分，自不待言。夏桂成曰：此患者本身肾阴虚，日久阳亦不足，又见心肝气郁，其气血阴阳随月经周期波动，难以协调稳定，故见经行难净。通过月经四期调补，并着重于经后的益肾健脾，养阴奠基治疗，使患者阴精有了一定的基础后，白带增多，并出现拉丝样带下，其阴虚状况得到了改善；再转而进行经间期的治疗，予以滋阴健脾，调气和血，指导患者抓住“细缊之时”受孕；受孕后给予益肾安胎，故能取得好的疗效。

心肾胞宫　立轴为说

《素问·上古天真论》对月经在女性一生生长发育中调节作用的论述，以肾气的盛衰、天癸的至竭描述青春期至更年期的生理过程，因而有“肾-天癸-冲任-胞宫轴”之说。

夏桂成不囿于他人之见，在认真研读《素问》、《灵枢》原文后认为：中医妇科学由 20 世纪 60 年代发展到 90 年代，随着“肾的研究”之深入，肾对女性生殖周期的作用已被广泛认同。然而，长期以来，“肾-天癸-冲任-胞宫”被称为女性的生殖轴，其中天癸是女性人体生长发育的一种阴津物质，不能属于一个靶位，这一环节一定与肾之间构成具有调控枢纽的意义，具有主持统领的作用。

《素问·评热病论》中所说的“胞脉者，属心而络于胞中”，和《素问·骨空论》中所说的督脉“上贯心入喉”，夏桂成认为都说的是心与胞宫在经络上直接连属，同时又通过督脉与之相系。因而心之生理功能，中医认为心主神明，为“五腑六脏之大主”，意在有“脑”的功能。《石室秘录》中提出胞宫为“心肾接续之关”，因此，夏桂成认为在心肾相交、神明通慧、水火既济、阴阳交融之中，心主神，肾主志，心和肾共同调控精神活动，调畅月经周期的演变，完成气血阴阳的变化，调控周期的交替。

夏桂成汇中医理论之精华，将《内经》与《金匮要略》的相关要义融会贯通，以五运六气之动态演变，分析检测诸多矛盾的焦点，根据是：其一，心肾相交，心居于上为阳，肾处于下为阴，肾阴上济于心，以防心阳（火）过亢，心阳下煦肾水，以促进其升腾，心肾相交，阴阳调节。其二，水火既济，心属火居南方，肾属水守北方，心火下交于肾，使肾阳得温，肾水不寒；肾水上济于心，使心火不亢，水火既济，则寒热均调。其三，坎离相合，坎卦为阴，离卦属阳，坎为水也，与肾相关，离属火也，与心相关，坎离相合，心肾相交，为后天八卦之意，以坎离为轴心推动阴阳运动。其四，精与神同一，肾藏精，心藏神，精养神，神驭精，精神相濡，说明神对下级的调控占主导地位。其五，经脉相贯，手足少阴经脉，根据经脉循行图所载，肾经贯脊属肾络于膀胱，直行者经肝、肺及喉咙，从由肺分出的支脉联络心脏流胸中。据此五点依据，得出胞宫与肾有着密切的联系，在诸脏之中具统辖作用。

心（脑）-肾-子宫轴理论与现代妇科学的下丘脑-垂体-卵巢轴的理论相吻合。临床上，心（脑）-肾-子宫轴这一立论可以解释诸多现象，并能够指导临床疾病的治疗。例如，经间排卵期对“重阴必阳”这一现象的解释，夏桂成认为，心脑活动是排卵活动的主要方面。经间排卵期的细缊状血气活动，是在心（脑）-肾-子宫生殖轴的调节下进行的。现代医学亦认为，月经周期的调节，也包括排卵期的调节，是在下丘脑-垂体-卵巢轴的相互关系中得到实现的。

中医学认为，肾藏精而司生殖，天癸者与肾亦有着密切的关系，生殖之精（卵），其生成和发育成熟，依赖于肾阴癸水。反过来说，肾阴癸水，是促进精卵生成和发育的主要物质，但发育成熟的精卵，其排出又与心脑密切相关。心为君主之官，藏神而主血脉，脑为元神之府，与心密切关联。现代医学所指出的下丘脑、脑垂体是生殖轴中的主要部分，亦要求人们重视心脑，心脑之神有驭精的作用，而排出卵子，以及能受孕者，主要在于心脑神明；而心脑神明之所以活动而促发排卵，尤在重阴及成熟卵泡触发下使然。正如《女科证治准绳》引袁了凡语："天地生物，必有絪缊之时，万物化生，必有乐育之时，猫犬至微，将受妊也，其雌必狂呼而奔驰，以絪缊乐育之气触之不能自止耳。"人是高等动物，自控力较强，虽不至于狂呼奔驰，但烦躁寐差较为兴奋者，还是存在的。同样，现代医学认为，排卵前或排卵时，成熟卵泡分泌的雌激素达高峰，对下丘脑产生正负反馈作用，下丘脑释放大量促性腺激素释放激素，刺激垂体释放促黄体生成激素和卵泡刺激素，并出现峰值，促黄体生成激素峰值的出现使得卵巢细胞作好排卵准备，然后又在孕酮、前列腺素等的作用下，形成排卵。其中所说的下丘脑、脑垂体，虽不能与心脑完全等同，但基本上是一致的。在重阴的冲击下，心脑出现升降形式絪缊状活动，即阴阳气血均明显旺盛，且几经升降迂回螺旋式的冲击与下达，从而促发排卵。

再者，和经间排卵期一样，月经的来潮，

这一重阳必阴的转化过程同样由心（脑）-肾-子宫轴调节。月经来潮之际，子宫行泻的功能，也是在心脑的触动下才能完成的。临床上，强烈的精神刺激亦会导致闭经的发生，正如前人所谓："心气不得下通，胞脉闭塞，月事不来。"这也是临床上夏桂成喜用柏子仁汤治疗闭经患者的原因——柏子仁汤能调节心肾，往往也有促发排卵的作用，使体温上升，月经如期而至。

夏桂成阐述女性月经周期中阴阳消长转化节律，提出以心（脑）-肾-子宫轴为核心的中医妇科生殖调节学说，制定了补肾调周法，开拓了妇科临床的思路，也提高了治疗多种妇科病的效果，丰富了当代中医妇科学的理论。

关爱妇女　安度“更年”

临床妇科疾病种类繁多，许多疾病对妇女的健康都有重要的影响。江苏省中医院接诊的患者，除患不孕症外，更年期疾病患者甚众。早在 20 世纪 80 年代初，夏桂成治疗妇女更年期疾病已经很有名气了。

更年期是女性身体和心理都走向衰退的一个不稳定的时期，在这一时期，她们往往出现烘热盗汗，心烦气躁，忽冷忽热等症状，严重者易发脾气，无法控制自己。女性更年期需要家人的理解和关怀，用药物控制更年期特有的疾病也是必要的。西方医学常用激素替代，有非常好的疗效，但是潜在的致癌风险往往令患者生畏。中医药治疗更年期疾患有独特之处。20 世纪 80 年代初，夏桂成开始潜心研究更年期疾病，帮助许多妇女安稳地度过这一困难时期。他还专门开设了更年期门诊，来就诊的患者络绎不绝。

更年期综合征，又称绝经前后诸证，中医典籍中并无专门记载，散见于“百合病”、“脏躁”、“郁证”等相关疾病文献中。夏桂成决心对此详加细研，希望能对更年期综合征采取更有效的治疗。

夏桂成带领学生从流行病调查、临床病案分析等多方面进行研究，他去南京大学、服装厂等单位多次进行妇女更年期的科普讲座。由于没有资金开展免费激素检查，研究生们的激素水平研究只能在妇女体检时分得少量血样做样本。服药后，患者往往不太愿意再次抽血，因为她们觉得症状明显好转，没有再次抽血的必要。夏桂成和学生们不得不想出免挂号、采用新方法治疗等来吸引患者参与。想起当时搞研究的艰难，夏桂成和他的学生们至今感慨不已。

在夏桂成的指导下，研究生谈勇在《试论心肾与绝经前后诸证》的论文中指出：心肾不交是绝经前后诸证的主要病机，肾阴虚是发病的基础，心神不宁是发病原因，心肾不交产生发病主证。燮理阴阳、交通心肾在绝经前后诸证治疗上有重要意义。

夏桂成的研究发现，更年期患者天癸渐衰，肾气不足，除了腰酸、手足心热等阴虚症状多见外，尤其以心的症状为显著，比如烘热、出汗、失眠、激动、焦躁等等，皆为心官所主，亦多为心肾之间的关联症状。由此，夏桂成推测：心与肾是女性生殖调节的一个主轴，其他脏腑在主轴的调节之下，各司其职，分别调节着女性的周期性来潮。这个推测尚待更深入研究和更多事实证实。然而，他在心肾主轴指导下创制的一些方剂，疗效甚佳，尤其以更年期Ⅰ号方最具代表性，该方后来逐渐演变为清心滋肾汤，临床运用得当疗效显著。

曾经有一王姓女患者，年逾 50 岁，2005 年 1 月开始经期紊乱，就诊时已停经两个月，烘热汗出发作频繁，难以忍受；情绪不稳，胸闷心悸，惶惶不可终日；腰酸，关节痛，夜寐不沉，便秘，阴道干涩，既往血压偏高。来诊时心绪不宁，情绪较为沮丧。舌质红，舌苔腻，脉细弦。夏桂成诊后认为是典型的更年期综合征。他指出：患者闭经两月，烘热汗出发作频繁，情绪不稳，夜寐不沉，为心肝火旺之征；胸闷心悸，为心气不足之象；便秘，腰酸，阴道干涩，为肾阴亏虚，津液不足之象；血压偏高，时觉头晕头重，手脚发麻，关节痛，当为水不涵木，肝阳偏亢，为阴虚风动之征。辨证当属肾阴亏耗，心肝火旺，肝阳上亢，夹有血瘀之证。方选清心滋肾汤加二甲龙牡汤加减：

钩藤10g，莲子心5g，黄连5g，青龙齿10g，太子参15g，浮小麦30g，广郁金10g，川断10g，炙桂枝6g，赤白芍各10g，煅牡蛎10g，广陈皮6g，鸡血藤10g。7剂。药后果然汗出明显减少，诸症减轻，患者非常高兴，坚持用药一个多月后，觉得恢复得非常好。患者一段时间后又找夏桂成调理，防患于未然，终于平稳地度过了更年期。

通过科研和临床辨证，夏桂成治疗更年期疾患可谓得心应手。更年期综合征之外，他在临床时陆续观察到的许多妇科疾病，例如闭经、功能性子宫出血、崩漏、经间期出血等，他的研究均有涉及，且有论文发表。他不断地体会，并将这些体会总结、升华为理论来指导临床实践。

治疗未病　优生为先

夏桂成提出周期学说的最核心的目的在于治未病，这是他由来已久的愿望。女性疾病非同男性，女性的生理周期在某种程度上揭示了她们疾病的发生非一朝一夕所致，往往存在着较长的潜伏期且在不断变化。利用周期学说给女性生殖节律把脉是最直接的调控方法。他的治疗不离“治未病”之旨，因而具有极强的超前意识。

夏桂成的门诊，约有95%的病人是求治不孕症的，患者中有的原因清楚，有的原因不明，有的甚至无证可辨。对于这些疑难病症，他辨证时谨慎思考，然后提出合理的治疗方案，包括药方、服药方法、生活调摄等都要向患者交代清楚，并提出忠告。他按照病人的体质提出要求，同时耐心慰藉病人，重视心理调治。许多患者经过夏桂成治疗后心里已感到自己的病好了三分。夏桂成重视对病人的心理调治，他说话温馨体贴，说到病情时让她们看到希望，谈到治疗时又让她们感到对症。他与病人交谈时，语气温和，显得平等和尊重，使人感到很亲切。无论是药物还是心理调治，他所遵循的原则仍是生殖周期变化节律，只要顺应其规律，就能很好地矫正不孕的异常状态，使患者如期受孕。因此曾多处就医无效的患者，经夏桂成药物和心理治疗后就妊娠了。人们惊讶地问他用了什么妙法，夏桂成常常淡然一笑以作回答。病人哪里懂得，她们受益于他的周期法则及治未病的思想。

夏桂成还提出情胜治疗法。中医理论将情志概括为喜、怒、忧、思、悲、恐、惊这七情。

七情既是引起疾病的主要因素，也是治疗和防止某些疾病的有效方法。如中医的以情胜情，便是利用一种有益的情志去克服另一种有害的情志。

对于不孕症、流产等病症，中医倡导心理疗法与药物并用，先正其心，后用方药，身心兼治，疗效更佳。有的妇女婚后数年不孕，心情抑郁，伤感不已；一旦领养了子女，家中欢乐，抑郁不再，自己却很快受孕。这是以情胜情治愈的最典型例证。妇科患者的心情千差万别，因此妇科医师必须耐心观察和了解病人的各种心情，有的放矢地做好病人的心理调治。

夏桂成对女性保健十分关心，而且关注得非常细微。是他较早指出，目前社会上对中医所提倡的“胎禁”有一些错误认识，从而影响到优生优育。

所谓胎禁，是指妊娠期的药禁和食忌。由于胎禁与优生优育密切相关，故应引起准妈妈和妇产科医生的高度重视。现在，不少孕妇都知道要慎用西药，可对用中药却比较大意。其实，很多中药同样能通过胎盘进入胎儿血液循环，直接影响胎儿的发育生长；某些中药成分通过改变母体的生理状况，从而影响子宫的环境，也会造成胎儿发育生长障碍，最终致畸致流，包括早产，影响优生优育。所以，诸凡峻下滑利、逐瘀破血、耗气散气以及有毒中药均应禁用或慎用，如桃仁、红花、苏木、穿山甲、王不留行、刘寄奴、三棱、莪术、水蛭、虻虫、䗪虫、干漆等，在妊娠期均应禁用，若病证需要，亦须谨慎使用。如大黄、芒硝、番泻叶、芦荟等，也应禁用或慎用。一些外用药，如膏药，也不宜擅贴，因为其药物成分可通过皮肤吸收进入血液循环，对胎儿不利。夏桂成在临床上发现，一些孕妇对这些禁用或慎用药物竟一无所知，为此，他深感忧虑。

夏桂成认为，中医“胎禁”非常强调妊娠

食忌，这是有科学道理的。在妊娠早期，孕妇常伴有恶心泛吐、食欲不振或偏嗜择食等现象，因此对动物脂肪、甜腻食品、辛辣刺激之物，均应有所忌。妊娠中期，亦不宜过食公鸡、羊肉、狗肉等辛温食品。妊娠末期，孕妇常伴有血压偏高、浮肿、小便偏少等情况，应少食含盐多的菜肴和食物，因为过多的食盐会增加水分在体内的潴留，引起水肿，增加心脏和肾脏的负担。同时辛辣刺激致热的食物，如羊肉、狗肉、椒、姜等食品亦应有所忌。妊娠期间，禁止吸烟喝酒。烟酒对母体的心肺及对胎儿发育有所伤害，甚则致畸，特别是在妊娠早、晚期，这种伤害更为明显。妊娠期间，反对偏嗜择食。妊娠早期的孕期反应，一般短期即可消失，偏嗜择食也会随着消除；妊娠中晚期，要经常更换食品，食用多样的食物，以满足胎儿在发育过程中营养多样化的需求。

夏桂成提醒那些喜欢穿“露脐装”的青年

女性，“露脐装”易致妇女患上妇科病而导致不孕。因为肚脐是人体中最薄弱的部位，风寒极易入侵。某些女性可能会因风寒入侵造成月经失调、痛经等妇科病症，留下不利于怀孕的隐患。未婚青年女性经久熬夜，不仅严重破坏了身体生物钟正常运转，也影响了女性的生殖自然节律。因为经常熬夜，很可能影响到雌性激素的分泌水平，继而影响到生育。

他也告诫女性慎做人工流产，尤其在打算生育之前应当避免人工流产或药物流产，因为无论哪种流产方式，或多或少都会导致继发其他一些生殖障碍疾病，影响生殖健康。

2007年10月13日，“中华中医药学会全国第七次中医妇科学术会议”在南京召开，夏桂成以“立足中医，与时共进”为题在会上作了发言。他说：我国传统中医与现代妇产科技术相结合，成为当代的“送子观音”和“护花使者”。辅助生殖技术是现代生育调节和医学助孕的关键。近年来，该技术如试管婴儿技术等不断发展。这些新科技对治疗不孕不育有悠久历史的中医药来说，既是挑战，也是机遇。近年来的实践证明，中医药在辅助生殖技术中同样可以大有作为。月经周期中气血阴阳的消长转化活动，保持着周而复始的生理规律，这是女性生殖健康的基础；而中医药在调整月经周期和平衡阴阳上很有效果，同时也起到了治疗未病的作用。

德技双馨　著书育人

中医学是祖国传统文化中的瑰宝奇葩，历史悠久，其中蕴藏的知识宝藏无穷无尽。夏桂成从农民的儿子成长为中医学者、妇科大家，着实非一朝一夕之功。梦想成真，在于他的孜孜苦读，笃实践行，是勤苦努力的结果。他信奉“书山有路勤为径，学海无涯苦作舟”名言。他在江苏省中医进修学校读书期间，研读岐黄，好学不倦，兴趣广泛，博览群书，而且思维活跃，精力过人。1957～1958 年，在全国“西学中班”，他聆听有“伤寒活字典”之称的吴考槃、精通古籍的唐玉逑、善于临证的时逸人等名家讲课，又在江阴参加

“中医学西医班”学习，对中医之博大精深的认识大大提高。

自20世纪60年代起，夏桂成相继撰写了《试论〈傅青主女科〉的学术思想和治疗特点》、《妇女闭经的病理机制及其辨证论治》、《也谈阴火并论甘温除热》等多篇论文，发表在《中医杂志》和《江苏中医》上。20世纪70年代，他对傅青主妇科进行了系统的研究，发表了《探讨〈傅青主女科〉调经种子门的肾阴阳论治》、《略论〈傅青主产后编〉的温补观及生化汤的临床应用》、《略论〈傅青主女科·妊娠小产门〉的扶正观及临床应用》、《试谈〈傅青主女科〉常用方药的特点》及《试论〈傅青主女科〉调理月经周期观》等论文，在当时引起较大的影响。山西省中医药研究所研究傅山学派的何高民十分赏识夏桂成对《傅青主女科》调经、种子等观点的分析，专程请他前去授课。这一时期夏桂成调整月经周期的学术思想形成雏形。他的论文被收入山西省傅青主学说丛书。

20 世纪 80 年代中末期，夏桂成对更年期女性生理病理及其调治进行研究，对以妇女更年期的肾气渐衰、天癸渐竭为先导，渐致心火上炎、心肝火旺或阴虚火旺的烘热或崩漏等病症，有其独特观点，并用这些思想指导研究生进行心肾不交在绝经前后期引发更年期综合征的研究，从流行病学、心理学、生殖内分泌学等多种学科角度阐明更年期妇女由于生殖状态低落而出现多种症状的病理。此外他对临床常见的闭经、痛经、流产、不孕症等妇科疾病亦有自己的观点和治法。

20 世纪 90 年代初，夏桂成重点研究月经周期的问题，第一篇论文《运用时象变化规律调治月经周期阴阳盛衰》刊于《上海中医杂志》以后，他的研究成果以论文形式不断发表，涉及内容有经间期出血、不孕症、子宫内膜异位症等。1993 年是他的丰收之年，他发表了 8 篇文章，研究内容之广，可以说几乎涵盖了妇科病症的主要范围。他的广泛研究都围绕生殖周期、月经周期节律这一主旨。由此他提出了“七、五、三奇数律”与女性生殖机能中阴阳的演变关系，发表了《试探月经周期中圆运动生物钟规律》等学术论文。1998～1999年《南京中医药大学学报》上系列刊载夏桂成的《月经周期与调周法》等八篇论文。这组论文表明他的“调周学说”已日臻完善。

2000～2003年，夏桂成开始潜心研究“子午流注说”在妇科理论与临床实践中的应用；2004年，他又开始探讨“五运六气”学说的演变对妇科病变的影响；2006年，他系统发表了关于“从太极八卦时辰钟结合图探析生殖节律”的文章多篇。在他发表的80余篇论文中，我们可以找到夏桂成医学科研的轨迹，即对调周节律的不断认识和临床实践，不断开拓中医妇科学新理论和新治则。夏桂成的理论和治则，均融入他用一生心血写成的《中医临床妇科学》、《不孕不育与月经周期调理》、《妇科方药临证心得十五讲》、《月经病的中医诊治》、《中医妇科理论与实践》等著作中，四海传播。

夏桂成蜚声海内外，来访者众多，邀请他出访者也很多。我国台湾学者及日本友人多次在个人来访或组团学习时，点名请夏桂成讲课。一次，他应邀在台北参加中医临床研究的学术活动，大会发言者多是德高望重的老专家，事先并没有安排他讲，部分与会者见夏桂成到场，自发地邀请他到另一个会场讲演。他的学生遍及国内外。他曾多次赴日本、英国、意大利、美国等国讲学，有“欧洲中医之父”之称的马万里亦拜他为师。他的学说和治疗方药由国内外弟子临床应用，均收到较好的效果。有位日本友人得子之后为了谢恩，用“调周法”治好不孕症后所生孩子的照片做成“千子图”，赠予他留念。这张珍贵的照片现在悬挂在江苏省中医院名医堂的夏桂成工作室里。

夏桂成作为国家第一批硕士研究生导师和全国“师带徒”导师以来，已培养30位研究生。他对每个学生的成长都付出了不少的心血。他用丰富的临床经验，深刻的妇科学术理论，严谨细致的分析观察能力，严格要求学生刻苦学习基础理论，培养他们对专业的热爱之情，提升了他们对中医妇科知识的认识。在临床上他擅用启发式引导学生思考，下班后他又经常与学生们共同座谈讨论。他指导学生写文章，写了3～5篇后，师生一起讨论，反复修改训练，使学生思路变得清晰，能力不断增强，水平逐渐提高。

对于中医妇科事业，夏桂成倾注了大量的心血和感情，可以说，南京中医药大学的中医妇科学的起步与发展，时至今日所树立的良好形象，都是夏桂成所带领的几代人共同努力的结果。他几十年如一日，勤勤恳恳，诲人不倦，从不保守自己的学术经验。跟随他抄方的学生都反映，夏老真是有问必答，诊疗至有感处常常滔滔不绝地讲解、回忆，给人留下非常深刻的印象。

现在，夏桂成虽然已经退居二线，不再亲临教学工作一线，但他却始终关注着学校妇科教学和临床妇科专业医师的培养，指导着年轻医师的学习成长。所以，来进修的医师即使时间再短，也要跟夏桂成抄方学习，否则便是巨大的遗憾。

对于中医妇科学的发展，夏桂成始终站在学术的前沿，他希望后学能不断潜心钻研学术，以提高临床诊疗水平。他始终叮嘱学生们：虽然中医临床是重要的，但是，中医的发展是学术的发展，所以对于中医的发展来说，学术是第一位的。扎实的学术，能够很好地指导临床的学术才是好的学术。

学生经常反映中医难学，理论一套，临床又是一套，一时难以对得上号。夏桂成历来主张中医教学需要不断改革。他主张将临床、教学与科研有机结合起来，认为只有这样，才能提高教学质量，促进中医教育和学术的共同繁荣。尤其对中医妇科学的发展，从科研到教学再到临床医师的培养，夏桂成有许多真知灼见。

夏桂成认为，发展中医妇科学，必须大搞科研工作。在科研工作中，需要做到继承与发掘并重，理论与临床齐驱，重点与一般相结合。不重视结合应用现代科学，不重视发掘，固然对学科发展不利，但忽视理论，不重视继承也是不利的；只重视重点研究，忽视一般的研究，包括临床特色经验的总结，对中医妇科学的发展也是有不良影响的。

因此，夏桂成指出，在科研活动中，要防

止两种倾向：第一是虚假和重复。科学研究，绝对不能掺假，水分偏多必将影响质量。目前运用清热利湿治疗妇科炎症，包括盆腔炎、宫颈炎，用活血化瘀治疗血瘀病证，包括内膜异位症，用清热止血、补气摄血治疗出血病证的重复研究者有之，尤其是低水平的重复也有不少。第二是过多的药物研究，特别是那些缺乏中医理论指导的药物研究，在一定程度上也不利于中医妇科学发展，而且有部分新开发的药物，经不起临床上考验而遭淘汰。所以，在科研活动中，形式要多样化。可以组织刚毕业的学士、硕士，整理前人和近代学者的临床经验，临床医师也应不断总结经验，但更要组织高层次的人才，进行重点的理论研究，如运用现代哲学、现代有关科学研究月经周期节律、生殖节律、生命节律。最好建立女性生殖生理病理学的实验室，理论上有所突破，才能推动中医妇科学的较快发展。

要提高教学质量，首先要改革教学内容，提高教材质量。高等中医院校所使用的统编教材《中医妇科学》，从第一版到第七版，虽然内容上有所更新，质量上有所提高，但总体内容仍脱离不了原有的范畴，与临床实践有较大距离，学生学习后不能适应临床要求。夏桂成认为，这些基本内容可以不变，但只能作为入门的基础教材，还应该有深度、有广度地将积累成熟的临床资料，认真整理，编成适合临床需要的中医临床妇科学教材。作为真正的临床教学内容，可以允许反映各地临床特色，但内容必须与临床实践相结合。其次要改革教学方法。夏桂成主张整个妇科教学，可以分为两步：第一步入门的基础教学。方法上应以小组讨论与自学为主，教师主要介绍教材的主要内容及辅导答疑。第二步临床教学。方法上应安排在教学医院，边实践边教学，把理论与临床实践紧密联系，学以致用，学用结合，学得生动，用得贴切，印象深刻，记得牢靠。如在实习后期发现优秀者，可延长半年，随名老中医传承学业，临床深造。此外，提高师资水平是提高教学质量的关键。妇科是一门临床学科，妇科教师必须具备相当的临床经验，最好的临床便是最好的教学。当然不否认还有其他的教学方法和授课技巧。教学内容必须与临床相结合，为了防止中青年教师脱离临床，授课言之无物，应该要求他们不仅在教研室内要拜老教师为师，而且要在教学医院内择师学习，每周随老师侍诊实习不得少于一次，要定期撰写临床心得体会或经验总结。教师应不断改进教学方法，交流教学经验，听取不同学者意见；也可以采取挂牌上课，教师间进行教学竞争；实施奖罚制度，激励教师进步。

夏桂成倡导举办妇科专修班、学术研讨会，或通过院内开设专家讲座等继续教育形式，鼓励年轻医生参与科研活动。他认为要重视和鼓励尖子人才的培养。尖子人才可以分为两种，一种是以继承为主，拜名师，多实践，钻研妇科名著，踏踏实实地学习。要落实师带徒的政策，使学生服从老师的安排，经过3～5年的重点培养，会出几名高明的妇科临床家。另一种是以发掘为主，在继承的基础上，通过各种形式，学习有关的现代科学，尤其是现代医学知识，深入研究中医学高深的理论，参与重点的学科研究。妇科在读博士研究生如能再延长2～3年，对他们的素质和能力的提高是很重要的；如果学生对文学、哲学以及现代科学兴趣较浓、基础较好，那就更加理想，通过较长时间的重点培养，可望能造就更多的高水平妇科人才。要保持理论人才与临床人才之间的经常交流与合作，使他们互相启迪，相互促进，取长补短，繁荣妇科学术，推动中医妇科学的迅速发展。

夏桂成从医近60载，诊疗病人难以计数，如今他虽近80岁高龄，仍在临床第一线，每周四次门诊，一次查房。他每次查房时，患者和医护人员都很高兴能聆听他的讲解。

夏桂成从医以来，一直遵循唐代医学家孙思邈的“见彼苦恼，若己有之，深心凄怆”的思想，以仁爱之心救助患者，为后学作出了榜样。他几十年淡泊名利，专注临床。医院、诊室、病房，是他付出辛勤劳动用智慧和知识服务于人民的场所，医师、学生、进修生这些传承者，是他对未来的希望，他期待他们德贤于师，业超于师。

夏桂成乐意与学生交谈、讨论，热情对学生辅导、指点；他撰文著书，论述广传。他感谢古都南京的中医学府，是这方有深厚文化底蕴的沃土培养了他及其弟子成为中国“中医妇科学子”。

夏桂成虽年事已高，却老当益壮，志在医疗。他感慨地说：“我们有不尽的事业，还要走很长的历程。我还要写一本中医关于生殖医学方面的书，治疗未病，预测未来，让患者远离疾苦！”他壮心不已，鸿图仍在铺展。他的事业在继续，他的理想在实现。

（撰稿人　谈　勇　胡荣魁）

《中华中医昆仑》丛书150位医家名录

（按生年排序）

张锡纯	丁甘仁	萧龙友	王朴诚	恽铁樵
曹炳章	冉雪峰	谢　观	施今墨	汪逢春
孔伯华	黄竹斋	吴佩衡	蒲辅周	陈邦贤
李翰卿	李斯炽	姚国美	陆渊雷	张泽生
时逸人	张梦侬	叶橘泉	王聘贤	陈慎吾
邹云翔	赵炳南	承淡安	余无言	刘惠民
岳美中	沈仲圭	秦伯未	赵锡武	韦文贵
程门雪	黄文东	赵心波	董廷瑶	吴考槃
章次公	石筱山	陆南山	张赞臣	李聪甫
刘绍武	陈存仁	朱仁康	陆瘦燕	姜春华
韩百灵	高仲山	李克绍	王鹏飞	刘春圃
金寿山	哈荔田	何世英	周凤梧	干祖望
关幼波	王为兰	任应秋	罗元恺	祝谌予
杨医亚	郭士魁	何时希	耿鉴庭	俞慎初

裘沛然	顾伯华	江育仁	邓铁涛	门纯德
刘渡舟	尚天裕	朱良春	李玉奇	程士德
尚志钧	赵绍琴	董建华	米伯让	李辅仁
张珍玉	班秀文	颜正华	于己百	颜德馨
路志正	方药中	王乐匋	黄星垣	谢海洲
余桂清	何　任	王子瑜	程莘农	陈彤云
焦树德	张作舟	张　琪	李寿山	张镜人
王绵之	方和谦	印会河	王玉川	蔡小荪
李振华	马继兴	王嘉麟	宋祚民	刘弼臣
王雪苔	刘志明	吴咸中	李今庸	任继学
裴学义	王宝恩	周霭祥	贺普仁	唐由之
赵冠英	许润三	金世元	陆广莘	刘柏龄
徐景藩	吉良晨	吴定寰	沈自尹	王孝涛
张灿玾	周仲瑛	强巴赤列	张代钊	李经纬
郭维淮	柴松岩	苏荣扎布	陈可冀	李济仁
夏桂成	郭子光	巴黑·玉素甫	张学文	陈介甫